MISERICORDIAE VULTUS

PAPST FRANZISKUS

MISERICORDIAE VULTUS

VERKÜNDIGUNGSBULLE
DES AUSSERORDENTLICHEN
JUBILÄUMS DER BARMHERZIGKEIT

FRANZISKUS
BISCHOF VON ROM
DIENER DER DIENER GOTTES
ERBITTET ALLEN LESERN DIESES
SCHREIBENS GNADE,
BARMHERZIGKEIT UND FRIEDEN

<u>Impressum:</u>

MISERICORDIAE VULTUS

VERKÜNDIGUNGSBULLE DES AUSSERORDENTLICHEN
JUBILÄUMS DER BARMHERZIGKEIT

von Papst Franziskus

(Hrsg.) V.i.S.P.	Hans-Jürgen Sträter
	(Druckgenehmigung vom 06.05.2025, Verband der Diözesen Deutschlands, Herrn Dr. Matthias Kopp)
	Ausgabe Ostern 2025
Verlag:	BoD · Books on Demand GmbH,
	Überseering 33, 22297 Hamburg, bod@bod.de
ISBN:	978-3-8192-2817-9
Druck:	Libri Plureos GmbH,
	Friedensallee 273, 22763 Hamburg
Bilder:	„Der Barmherzige Samariter"
	von Arthur Elser, Heilbronn

1. Jesus Christus ist das Antlitz der Barmherzigkeit des Vaters. Das Geheimnis des christlichen Glaubens scheint in diesem Satz auf den Punkt gebracht zu sein. In Jesus von Nazareth ist die Barmherzigkeit des Vaters lebendig und sichtbar geworden und hat ihren Höhepunkt gefunden. Der Vater, der „voll des Erbarmens" ist (*Eph* 2,4), der sich Mose als „barmherziger und gnädiger Gott, langmütig, reich an Huld und Treue" (*Ex* 34,6) offenbart hatte, hat nie aufgehört auf verschiedene Weise und zu verschiedenen Zeiten in der Geschichte seine göttliche Natur mitzuteilen. Als aber die „Zeit erfüllt war" (*Gal* 4,4), sandte Er, seinem Heilsplan entsprechend, seinen Sohn, geboren von der Jungfrau Maria, um uns auf endgültige Weise seine Liebe zu offenbaren. Wer Ihn sieht, sieht den Vater (vgl. *Joh* 14,9). Jesus von Nazareth ist es, der durch seine Worte und Werke und durch sein ganzes Dasein[1] die Barmherzigkeit Gottes offenbart.

2. Dieses Geheimnis der Barmherzigkeit gilt es stets neu zu betrachten. Es ist Quelle der Freude, der Gelassenheit und des Friedens. Es ist Bedingung unseres Heils. Barmherzigkeit – in diesem Wort offenbart sich das Geheimnis der Allerheiligsten Dreifaltigkeit. Barmherzigkeit ist der letzte und endgültige Akt, mit dem Gott uns entgegentritt. Barmherzigkeit ist das grundlegende Gesetz, das im Herzen eines jeden Menschen ruht und den Blick bestimmt, wenn er aufrichtig auf den Bruder und die Schwester schaut, die ihm auf dem Weg des Lebens begegnen. Barmherzigkeit ist der Weg, der Gott und Mensch vereinigt, denn sie öffnet das Herz für die Hoffnung, dass wir, trotz unserer Begrenztheit aufgrund unserer Schuld, für immer geliebt sind.

3. Es gibt Augenblicke, in denen wir aufgerufen sind, in ganz besonderer Weise den Blick auf die Barmherzigkeit zu richten und dabei selbst zum wirkungsvollen Zeichen des Handelns des Vaters zu werden. Genau darum habe ich ein *außerordentliches Jubiläum der Barmherzigkeit* ausgerufen. Es soll eine Zeit der Gnade für die Kirche sein und helfen, das Zeugnis der Gläubigen stärker und wirkungsvoller zu machen.

Das Heilige Jahr wird am 8. Dezember 2015, dem Hochfest der ohne Erbsünde empfangenen Jungfrau und Gottesmutter Maria, eröffnet. Dieses liturgische Fest weist darauf hin, wie Gott seit Anbeginn unserer Geschichte gehandelt hat. Nach dem Sündenfall Adams und Evas wollte Gott die Menschheit nicht alleine lassen und dem Bösen überlassen. Darum wollte und erwählte er Maria, heilig und untadelig in der Liebe (vgl. *Eph* 1,4), um sie zur Mutter des Erlösers des Menschen zu machen.

Auf die Schwere der Sünde antwortet Gott mit der Fülle der Vergebung. Die Barmherzigkeit übersteigt stets das Maß der Sünde, und niemand kann der verzeihenden Liebe Gottes Grenzen setzen. Am Festtag der Unbefleckten Empfängnis Mariens werde ich die Freude haben, die Heilige Pforte zu öffnen. Sie wird eine *Pforte der Barmherzigkeit* sein, und wer durch diese Pforte hindurchschreitet, kann die tröstende Liebe Gottes erfahren, welcher vergibt und Hoffnung schenkt.

Am darauffolgenden Sonntag, dem 3. Advent, wird die Heilige Pforte in der Bischofskirche von Rom, der Basilika Sankt Johannes im Lateran, geöffnet. Nach und nach folgen die anderen Papstbasiliken in Rom. Für den gleichen Sonntag lege ich fest, dass in allen Teilkirchen entweder in der Bischofskirche, die die Mutter aller Kirchen im Bistum ist, oder in der Konkathedrale oder in einer anderen Kirche mit herausragender Bedeutung für die Dauer des Heiligen Jahres ebenfalls eine *Pforte der Barmherzigkeit* geöffnet werde. Es liegt in der Entscheidung des Ortsbischofs, ob auch in Wallfahrtsheiligtümern, zu denen viele Pilger kommen, eine solche Pforte geöffnet wird. An diesen heiligen Orten machen ja tatsächlich viele Pilger die Erfahrung der Gnade, die sie im Herzen trifft und zur Umkehr führt. Jede Teilkirche ist also direkt in dieses Heilige Jahr einbezogen und möge es als einen Moment außerordentlicher Gnade und spiritueller Erneuerung leben. Dieses Jubiläum wird daher in Rom gefeiert wie in den Teilkirchen und wird damit zum sichtbaren Zeichen der Gemeinschaft der ganzen Kirche.

4. Ich habe den 8. Dezember als Eröffnungstermin gewählt, weil er eine große Bedeutung in der jüngsten Kirchengeschichte hat.

Ich werde nämlich die Heilige Pforte genau fünfzig Jahre nach dem Ende des II. Vatikanischen Ökumenischen Konzils öffnen. Die Kirche spürt das Verlangen, diesen Moment lebendig zu erhalten. Für sie begann damals ein neuer Weg in ihrer Geschichte. Die Konzilsväter hatten stark – wie ein wahres Wehen des Geistes – die Notwendigkeit verspürt, zu den Menschen ihrer Zeit in einer verständlicheren Weise von Gott zu sprechen. Mauern, die die Kirche allzu lange in einer privilegierten Festung eingeschlossen hatten, wurden eingerissen, und die Zeit war gekommen, um das Evangelium auf neue Weise zu verkünden. Eine neue Etappe der immer anstehenden Evangelisierung hatte begonnen. Eine neue Verpflichtung für alle Christen, mit verstärktem Enthusiasmus und voller Überzeugungskraft Zeugnis für ihren Glauben abzulegen.

Die Kirche spürte die Verantwortung, in der Welt das lebendige Zeichen der Liebe des Vaters zu sein.

Es kommen uns die bedeutungsschweren Worte des heiligen Johannes XXIII. in Erinnerung, die dieser bei der Eröffnung des Konzils gesprochen hatte und mit denen er dessen Richtung vorgab: „Heute dagegen möchte die Braut Christi lieber das Heilmittel der Barmherzigkeit anwenden als die Waffen der Strenge. [...] Die katholische Kirche, während sie durch dieses ökumenische Konzil die Leuchte der katholischen Glaubenswahrheit hoch hält, will sich damit als eine sehr liebevolle, gütige und geduldige Mutter aller erweisen, voller Erbarmung und mit Wohlwollen für ihre Kinder, die von ihr getrennt sind"[2]. Auf der gleichen Linie liegt der selige Paul VI., als er zum Abschluss des Konzils feststellte: „Wir wollen vielmehr unterstreichen, dass die Religion dieses Konzils die Nächstenliebe ist [...]

Die uralte Erzählung vom barmherzigen Samariter wurde zum Paradigma für die Spiritualität dieses Konzils. [...] Eine Woge der Zuneigung und der Wertschätzung für die moderne Welt ging von diesem Konzil aus. Natürlich werden die Irrtümer abgelehnt, das verlangt die Verpflichtung zur Liebe und nicht weniger die Verpflichtung zur Wahrheit. Aber für die Menschen gibt es nur Ermutigung, Respekt und Liebe. Statt niederschmetternder Einschät-zungen schlägt das Konzil ermutigen-de Heilmittel vor; statt dunkler Vorahnungen hat das Konzil Botschaften des Vertrauens an die zeitgenössische Welt gerichtet. Nicht nur wurden ihre Werte respektiert, sondern sogar geehrt und ihre Anstrengungen unterstützt und ihre Bestrebungen geläutert und gesegnet. [...] Und noch eine andere Sache wollen wir hier aufzeigen: All dieser doktrinäre Reichtum hat ein einziges Ziel, nämlich dem Menschen zu dienen.

Und zwar dem Menschen, so dürfen wir sagen, in jeder Lebenslage, in all seinen Krankheiten und in all seinen Bedürfnissen."[3]

Voller Dankbarkeit für das, was die Kirche empfangen hat, und voller Verantwortung für die Aufgabe, die vor uns steht, werden wir die Heilige Pforte durchschreiten. Wir tun es im vollen Vertrauen darauf, dass die Kraft des auferstandenen Herrn uns auf unserem Pilgerweg weiter begleitet. Der Heilige Geist, der die Schritte der Gläubigen zur Mitarbeit am Heilswerk Christi führt, gebe dem Volk Gottes Stütze und Geleit und helfe ihm, das Antlitz der Barmherzigkeit zu betrachten.[4]

5. Das Jubiläumsjahr endet mit dem Christkönigssonntag am 20. November 2016. Wenn wir an diesem Tag die Heilige Pforte schließen, werden unsere Gefühle von dankbarer Ergebenheit gegenüber der Allerheiligsten Dreifaltigkeit bestimmt sein, dass sie uns eine solche besondere Zeit der Gnade geschenkt hat.

Wir werden dann das Leben der Kirche, die gesamte Menschheit und den unermesslichen Kosmos der Herrschaft Christ anvertrauen mit der Bitte, dass seine Barmherzigkeit sich wie der Morgentau auf die Geschichte lege und sie fruchtbar werden lasse mit dem Einsatz aller für die unmittelbare Zukunft. Wie sehr wünsche ich mir, dass die kommenden Jahre durchtränkt sein mögen von der Barmherzigkeit und dass wir auf alle Menschen zugehen und ihnen die Güte und Zärtlichkeit Gottes bringen! Alle, Glaubende und Fernstehende, mögen das Salböl der Barmherzigkeit erfahren, als Zeichen des Reiches Gottes, das schon unter uns gegenwärtig ist.

6. „Barmherzigkeit walten zu lassen, ist ein Wesensmerkmal Gottes. Gerade darin zeigt sich seine Allmacht.“[5] Diese Worte des heiligen Thomas von Aquin zeigen, wie sehr die göttliche Barmherzigkeit eben nicht ein Zeichen

von Schwäche ist, sondern eine Eigenschaft der Allmacht Gottes. Gerade deswegen betet die Liturgie in einem ihrer ältesten Tagesgebete: „Großer Gott, du offenbarst deine Macht vor allem im Erbarmen und im Verschonen."[6] Gott wird in der Geschichte der Menschheit immer gegenwärtig sein als der Nahe, der Vorsorgende, der Heilige und Barmherzige.

Mit dem Wortpaar „geduldig und barmherzig" wird im Alten Testament häufig die Natur Gottes beschrieben. Seine Barmherzigkeit zeigt sich konkret in vielen Momenten der Heilsgeschichte, wo seine Güte letztlich über Strafe und Zerstörung siegt. Besonders die Psalmen bringen diese Größe im Handeln Gottes zum Ausdruck. Er ist es, „der dir all deine Schuld vergibt und all deine Gebrechen heilt, der dein Leben vor dem Untergang rettet und dich mit Huld und Erbarmen krönt" (*Ps* 103,3-4).

Noch ausdrücklicher zählt ein anderer Psalm konkrete Zeichen der Barmherzigkeit auf: „Recht verschafft er den Unterdrückten, den Hungernden gibt er Brot; der Herr befreit die Gefangenen. Der Herr öffnet den Blinden die Augen, er richtet die Gebeugten auf. Der Herr beschützt die Fremden und verhilft den Waisen und Witwen zu ihrem Recht. Der Herr liebt die Gerechten, doch die Schritte der Frevler leitet er in die Irre" (*Ps* 146,7-9). Und zum Abschluss noch ein weiteres Wort des Psalmisten: „Er heilt die gebrochenen Herzen und verbindet ihre schmerzenden Wunden. [...] Der Herr hilft den Gebeugten auf und erniedrigt die Frevler" (*Ps* 147,3.6). Zusammenfassend können wir sagen, Gottes Barmherzigkeit ist nicht eine abstrakte Idee, sondern eine konkrete Wirklichkeit, durch die Er seine Liebe als die Liebe eines Vaters und einer Mutter offenbart, denen ihr Kind zutiefst am Herzen liegt. Es handelt sich wirklich um eine leidenschaftliche Liebe.

Sie kommt aus dem Innersten und ist tiefgehend, natürlich, bewegt von Zärtlichkeit und Mitleid, von Nachsicht und Vergebung.

7. „Denn seine Huld währt ewig." – Dieser Kehrvers erklingt nach jedem Vers des Psalms 136, der die Geschichte der Offenbarung Gottes besingt. Im Licht der Barmherzigkeit leuchtet in allen Ereignissen der Geschichte des Bundesvolkes deren Heilscharakter auf. Die Barmherzigkeit macht die Geschichte Gottes mit Israel zu einer Heilsgeschichte. Mit der ständigen Wiederholung dieses Kehrverses: „Denn seine Huld währt ewig" scheint der Psalm den Kreislauf von Zeit und Raum durchbrechen zu wollen, indem er alles in das ewige Geheimnis der Liebe hineinlegt. Es ist, als wollte er sagen, dass der Mensch nicht nur in der Vergangenheit, sondern in alle Ewigkeit unter dem barmherzigen Blick des Vaters steht. Es kommt daher nicht von ungefähr, dass das

Volk Israel diesen Psalm, das *Große Hallel*, in die Liturgie seiner wichtigsten Feste eingefügt hat.

Jesus selbst hat vor seinem Leiden diesen Psalm der Barmherzigkeit gebetet. Der Evangelist Matthäus berichtet davon, wenn er beschreibt, wie „nach dem Lobgesang" (*Mt* 26,30) Jesus und die Jünger zum Ölberg hinausgingen. Während Er die Eucharistie einsetzte als bleibendes Gedächtnis an Ihn und das Ostergeheimnis, stellte Er zeichenhaft diesen höchsten Akt der Offenbarung in das Licht der Barmherzigkeit. Im gleichen Horizont der Barmherzigkeit lebte Jesus sein Leiden und Sterben, in vollem Bewusstsein des großen Geheimnisses der Liebe, das sich am Kreuz vollziehen sollte. Zu wissen, dass Jesus selbst diesen Psalm gebetet hat, macht ihn für uns noch wichtiger und lädt uns ein, ihn zu einem Teil unseres täglichen Lobgebetes zu machen: „Denn seine Huld währt ewig!"

8. Wenn wir den Blick auf Jesus und auf sein barmherziges Antlitz richten, sehen wir die Liebe der Allerheiligsten Dreifaltigkeit. Die Sendung, die Jesus vom Vater erhalten hatte, war es, das Geheimnis der göttlichen Liebe in seiner ganzen Fülle zu offenbaren. „Gott ist die Liebe" (*1 Joh* 4,8.16), bestätigt der Evangelist Johannes zum ersten und einzigen Mal in der gesamten Heiligen Schrift. Diese Liebe ist sichtbar und greifbar geworden im ganzen Leben Jesu. Seine Person ist nichts anderes als Liebe, eine sich schenkende Liebe. Seine Beziehungen zu den Menschen, die ihn umgeben, sind einzigartig und unwiederholbar. Seine Zeichen, gerade gegenüber den Sündern, Armen, Ausgestoßenen, Kranken und Leidenden, sind ein Lehrstück der Barmherzigkeit. Alles in Ihm spricht von Barmherzigkeit. Nichts in Ihm ist ohne Mitleid.

Als Jesus sah, dass die vielen Menschen, die ihm folgten, müde und erschöpft waren, verloren und ohne Hirten, empfand Er tief im Innersten seines Herzens Mitleid mit ihnen (vgl. *Mt* 9,36). In der Kraft dieser mitleidenden Liebe heilte er die Kranken, die man zu ihm brachte (vgl. *Mt* 14,14), und mit wenigen Broten und Fischen machte er viele satt (vgl. *Mt* 15,37). Was Jesus in all diesen Situationen bewegte, war nichts anderes als die Barmherzigkeit, mit deren Hilfe er im Herzen seiner Gegenüber zu lesen verstand und die es ihm erlaubte ihrem wahrhaftigsten Bedürfnis zu entsprechen. Als Er der Witwe von Naim begegnete, die ihren einzigen Sohn zu Grabe trug, empfand er ein solch starkes Mitleid mit diesem unendlichen Schmerz einer Mutter, die ihren Sohn beweinte, dass Er diesen vom Tod auferweckte und ihn ihr zurückgab (vgl. *Lk* 7,15). Nachdem Er den Besessenen von Gerasa befreit hatte, gab Er ihm folgenden Auftrag: „Berichte alles, was der Herr für dich getan und wie er Erbarmen mit dir gehabt hat" (*Mk* 5,19). Auch die Berufung des Matthäus geschieht vor dem Horizont der Barmherzigkeit. Als Jesus an der Zollstelle vorbeikommt, fällt sein Blick auf Matthäus. Es ist ein Blick voller Barmherzigkeit, der die Sünden dieses Mannes vergab. Gegen den Widerstand der anderen Jünger wählt Er ihn, den Sünder und Zöllner, und macht ihn zu einem der Zwölf. Der heilige Beda Venerabilis schrieb in seinem Kommentar zu dieser Stelle des Evangeliums, dass Jesus den Matthäus mit barmherziger Liebe anschaute und erwählte: *miserando atque eligendo*[7]. Dieses Wort hat mich so sehr beeindruckt, dass ich es zu meinem Wahlspruch machte.

9. In den Gleichnissen, die von der Barmherzigkeit handeln, offenbart Jesus die Natur Gottes als die eines Vaters, der nie aufgibt, bevor er nicht mit Mitleid und Barmherzigkeit die Sünde vergeben und die Ablehnung überwunden hat. 21

Wir kennen von diesen Bildreden drei ganz besonders: die Gleichnisse vom verlorenen Schaf und von der wiedergefundenen Drachme und das vom Vater und seinen beiden Söhnen (vgl. *Lk* 15,1-32). In diesen Gleichnissen wird besonders die Freude des Vaters im Moment der Vergebung betont. Darin finden wir den Kern des Evangeliums und unseres Glaubens, denn die Barmherzigkeit wird als die Kraft vorgestellt, die alles besiegt, die die Herzen mit Liebe erfüllt und die tröstet durch Vergebung.

Aus einem weiteren Gleichnis gewinnen wir darüber hinaus eine Lehre für unser eigenes christliches Leben. Provoziert durch die Frage des Petrus, der wissen will, wie oft man verzeihen müsse, antwortet Jesus: „Nicht siebenmal, sondern siebenundsiebzigmal" (*Mt* 18,22), und er schließt daran das Gleichnis vom „unbarmherzigen Knecht" an. Als dieser seinem Herrn eine große Summe zurückzahlen sollte, bittet er ihn auf Knien und sein Herr erlässt ihm die Schuld. Unmittelbar darauf begegnet er einem Mitknecht, der ihm ein paar wenige Cent schuldig war. Dieser bittet ihn ebenfalls auf Knien um Erbarmen, doch jener weigert sich und lässt ihn ins Gefängnis werfen. Als der Herr davon erfährt, wird er sehr zornig, lässt den Diener rufen und sagt zu ihm: „Hättest nicht auch du mit jenem, der gemeinsam mit dir in meinem Dienst steht, Erbarmen haben müssen, so wie ich mit dir Erbarmen hatte?" (*Mt* 18,33). Und Jesus fügte an: „Ebenso wird mein himmlischer Vater jeden von euch behandeln, der seinem Bruder nicht von ganzem Herzen vergibt" (*Mt* 18,35).

Dieses Gleichnis enthält eine tiefe Lehre für jeden von uns. Jesus stellt fest, dass Barmherzigkeit nicht nur eine Eigenschaft des Handelns Gottes ist. Sie wird vielmehr auch zum Kriterium, an dem man erkennt, wer wirklich seine Kinder sind.

Wir sind also gerufen, Barmherzigkeit zu üben, weil uns selbst bereits Barmherzigkeit erwiesen wurde. Die Vergebung von begangenem Unrecht wird zum sichtbarsten Ausdruck der barmherzigen Liebe, und für uns Christen wird sie zum Imperativ, von dem wir nicht absehen können. Wie schwer ist es anscheinend, immer und immer wieder zu verzeihen! Und doch ist die Vergebung das Instrument, das in unsere schwachen Hände gelegt wurde, um den Frieden des Herzens zu finden. Groll, Wut, Gewalt und Rache hinter uns zu lassen, ist die notwendige Voraussetzung für ein geglücktes Leben. Nehmen wir daher die Empfehlung des Apostels auf: „Die Sonne soll über eurem Zorn nicht untergehen" (*Eph* 4,26). Und hören wir vor allem auf das Wort Jesu, der die Barmherzigkeit zu einem Lebensideal und Kriterium für die Zeugnishaftigkeit unseres Glaubens gemacht hat: „Selig die Barmherzigen; denn sie werden Erbarmen finden" (*Mt* 5,7) ist die Seligpreisung, von der wir uns mit besonderer Hingabe in diesem Heiligen Jahr inspirieren lassen sollten.

Wie man sieht, ist die Barmherzigkeit in der Heiligen Schrift das Schlüsselwort, um Gottes Handeln uns gegenüber zu beschreiben. Er beschränkt sich nicht darauf seine Liebe zu beteuern, sondern er macht sie sichtbar und greifbar. Tatsächlich kann die Liebe nie ein abstrakter Begriff sein. Aus ihrer Natur heraus ist sie stets konkrete Wirklichkeit: Absichten, Einstellungen und Verhalten, die sich im tagtäglichen Handeln bewähren. Die Barmherzigkeit Gottes entspringt seiner Verantwortung für uns. Er fühlt sich verantwortlich, d.h. Er will unser Wohl, und Er will uns glücklich sehen, voller Freude und Gelassenheit. Auf der gleichen Wellenlänge muss die barmherzige Liebe der Christen liegen. Wie der Vater liebt, so lieben auch seine Kinder. So wie Er barmherzig ist, sind auch wir berufen untereinander barmherzig zu sein.

10. Der Tragebalken, der das Leben der Kirche stützt, ist die Barmherzigkeit. Ihr gesamtes pastorales Handeln sollte umgeben sein von der Zärtlichkeit, mit der sie sich an die Gläubigen wendet; ihre Verkündigung und ihr Zeugnis gegenüber der Welt können nicht ohne Barmherzigkeit geschehen. Die Glaubwürdigkeit der Kirche führt über den Weg der barmherzigen und mitleidenden Liebe. Die Kirche „empfindet einen unerschöpflichen Wunsch, Barmherzigkeit anzubieten"[8]. Vielleicht haben wir es für lange Zeit vergessen, auf den Weg der Barmherzigkeit hinzuweisen und ihn zu gehen. Auf der einen Seite hat die Versuchung, stets und allein die Gerechtigkeit zu fordern, uns vergessen lassen, dass diese nur der erste Schritt ist. Dieser Schritt ist zwar notwendig und unerlässlich, aber die Kirche muss darüber hinausgehen um eines höheren und bedeutungsvolleren Zieles willen.

Auf der anderen Seite ist es traurig ansehen zu müssen, wie die Erfahrung der Vergebung in unserer Kultur immer seltener wird. Sogar das Wort selbst scheint manchmal zu verschwinden. Ohne das Zeugnis der Vergebung bleibt aber nur ein unfruchtbares, steriles Leben, als würde man in einer trostlosen Wüste leben. Für die Kirche ist erneut die Zeit gekommen, sich der freudigen Verkündigung der Vergebung zu widmen. Es ist die Zeit, zum Wesentlichen zurückzukehren und sich der Schwächen und der Schwierigkeiten unserer Brüder und Schwestern anzunehmen. Die Vergebung ist eine Kraft, die zu neuem Leben auferstehen lässt und die Mut schenkt, um hoffnungsvoll in die Zukunft zu blicken.

11. Wir können die große Lehre nicht vergessen, die der heilige <u>Johannes Paul II</u>. in seiner zweiten Enzyklika *Dives in misericordia* dargelegt hat. Sie wurde damals unerwartet veröffentlicht und überraschte viele wegen des gewählten Themas.   27

An zwei Überlegungen möchte ich besonders erinnern. Zunächst hob dieser heilige Papst hervor, wie sehr die Kultur unserer Zeit das Thema der Barmherzigkeit vergessen hat: „Die Mentalität von heute scheint sich vielleicht mehr als die der Vergangenheit gegen einen Gott des Erbarmens zu sträuben und neigt dazu, schon die Idee des Erbarmens aus dem Leben und aus den Herzen zu verdrängen. Das Wort und der Begriff ‚Erbarmen' scheinen den Menschen zu befremden, der dank eines in der Geschichte vorher nie gekannten wissenschaftlichen und technologischen Fortschritts Herrscher geworden ist und sich die Erde untertan gemacht und unterjocht hat (vgl. *Gen* 1,28). Dieses Herrschen über die Erde, das zuweilen einseitig und oberflächlich verstanden wird, scheint für das Erbarmen keinen Raum zu lassen. [...] Das ist der Grund, warum sich in der heutigen Situation der Kirche und der Welt viele Menschen und viele Gemeinschaften, von einem lebendigen Glaubenssinn geführt, sozusagen spontan an Gottes Erbarmen wenden."[9]

Dann begründete der heilige Johannes Paul II. die Dringlichkeit, die Barmherzigkeit in der Welt von heute zu verkünden und zu bezeugen folgendermaßen: „Sie ist von der Liebe zum Menschen eingegeben, zu allem, was menschlich ist und was nach der Ahnung vieler unserer Zeitgenossen von einer Gefahr schrecklichen Ausmaßes bedroht ist. Dasselbe Geheimnis Christi, [...] verpflichtet mich gleichzeitig, das Erbarmen Gottes zu verkünden, seine im Geheimnis Christi geoffenbarte barmherzige Liebe. Ebendieses Geheimnis veranlasst mich auch, in dieser schwierigen und kritischen Phase der Geschichte der Kirche und der Welt mich an dieses Erbarmen zu wenden und es herabzuflehen."[10] Diese seine Lehre ist mehr denn je aktuell und verdient es, in diesem Heiligen Jahr wieder aufgegriffen zu werden.

Nehmen wir darum erneut seine Worte auf: „Die Kirche lebt ein authentisches Leben, wenn sie das Erbarmen bekennt und verkündet – das am meisten überraschende Attribut des Schöpfers und des Erlösers – und wenn sie die Menschen zu den Quellen des Erbarmens des Heilandes führt, welche sie hütet und aus denen sie austeilt."[11]

12. Die Kirche hat den Auftrag, die Barmherzigkeit Gottes, das pulsierende Herz des Evangeliums, zu verkünden. Durch sie soll die Barmherzigkeit das Herz und den Verstand der Menschen erreichen. Die Braut Christi macht sich die Haltung des Sohnes Gottes zu Eigen und geht allen entgegen und schließt keinen aus. In unserer Zeit, in der die Kirche sich der Neuevangelisierung verschrieben hat, gilt es das Thema der Barmherzigkeit mit neuem Enthusiasmus und einer erneuerten Pastoral vorzutragen.

Es ist entscheidend für die Kirche und für die Glaubwürdigkeit ihrer Verkündigung, dass sie in erster Person die Barmherzigkeit lebt und bezeugt! Ihre Sprache und ihre Gesten müssen die Barmherzigkeit vermitteln und so in die Herzen der Menschen eindringen und sie herausfordern den Weg zurück zum Vater einzuschlagen.

Die erste Wahrheit der Kirche ist die Liebe Christi. Die Kirche macht sich zur Dienerin und Mittlerin dieser Liebe, die bis zur Vergebung und zur Selbsthingabe führt. Wo also die Kirche gegenwärtig ist, dort muss auch die Barmherzigkeit des Vaters sichtbar werden. In unseren Pfarreien, Gemeinschaften, Vereinigungen und Bewegungen, d.h. überall wo Christen sind, muss ein jeder Oasen der Barmherzigkeit vorfinden können.

13. Wir wollen dieses Jubiläum im Licht des Wortes unseres Herrn leben: *Barmherzig wie der Vater*.

Der Evangelist gibt uns die Lehre Jesu wieder, der sagt: „Seid barmherzig, wie es auch euer Vater ist" (*Lk* 6,36). Es handelt sich dabei um ein Lebensprogramm, das sowohl sehr einfordernd ist als auch voller Freude und Friede. Dieser Imperativ Jesu richtet sich an alle, die seine Stimme hören (vgl. *Lk* 6,27). Um fähig zu sein, die Barmherzigkeit zu leben, müssen wir also zunächst auf das Wort Gottes hören. Das heißt, wir müssen den Wert der Stille wiederentdecken, um das Wort, das an uns gerichtet ist, meditieren zu können. Auf diese Weise ist es möglich, die Barmherzigkeit Gottes zu betrachten und sie uns anzueignen und zum eigenen Lebensstil werden zu lassen.

14. Die *Pilgerfahrt* ist ein besonderes Zeichen in einem Heiligen Jahr, denn sie ist das Symbol für den Weg, den ein jeder Mensch in seinem Dasein zurückzulegen hat. Das Leben selbst ist eine Pilgerreise und der Mensch ist *viator,* ein Pilger auf der Straße nach dem ersehnten Ziel.

Auch um zur Heiligen Pforte in Rom oder einem der anderen Orte zu gelangen, muss ein jeder, entsprechend der eigenen Kräfte, eine Pilgerreise machen. Diese soll ein Zeichen dafür sein, dass auch die Barmherzigkeit ein Ziel ist, zu dem es aufzubrechen gilt und das Einsatz und Opfer verlangt. Die Pilgerfahrt soll darum Anreiz zur Umkehr sein. Wenn wir die Heilige Pforte durchschreiten, lassen wir uns umarmen von der Barmherzigkeit Gottes und verpflichten uns, barmherzig zu unseren Mitmenschen zu sein, so wie der Vater es zu uns ist.

Unser Herr Jesus Christus gibt uns die einzelnen Schritte für diese Pilgerreise vor, damit wir das Ziel erreichen. „Richtet nicht, dann werdet auch ihr nicht gerichtet werden. Verurteilt nicht, dann werdet auch ihr nicht verurteilt werden. Erlasst einander die Schuld, dann wird auch euch die Schuld erlassen werden. Gebt, dann wird auch euch gegeben werden.

In reichem, vollem, gehäuftem, überfließendem Maß wird man euch beschenken; denn nach dem Maß, mit dem ihr messt und zuteilt, wird auch euch zugeteilt werden" (*Lk* 6,37-38). Er sagt also vor allem, dass wir *nicht richten* und *nicht verurteilen* sollen. Wer sich nicht dem Gericht Gottes ausliefern will, darf sich nicht zum Richter seines eigenen Bruders machen. Der Menschen bleibt in seinem Urteilen in der Tat an der Oberfläche, der Vater dagegen sieht bis ins Innerste. Wie viel Übel richten Worte an, wenn sie von Neid und Eifersucht bestimmt sind! Schlecht über den abwesenden Bruder, die abwesende Schwester sprechen heißt so viel wie diese in ein schlechtes Licht zu rücken, ihren Ruf zu schädigen und sie dem Gerede auszusetzen. Nicht zu urteilen und nicht zu verurteilen bedeutet daher im Positiven, das Gute in einer jeden Person wahrzunehmen und nicht zuzulassen, dass diese wegen unseres begrenzten Urteils und unserer Anmaßung, vermeintlich alles genau zu wissen, leiden muss.

Aber das reicht noch nicht, um Barmherzigkeit zum Ausdruck zu bringen. Jesus bittet uns zu *vergeben* und uns selbst *hinzugeben*, Werkzeuge der Vergebung zu sein, weil wir zuerst Gottes Vergebung erfahren haben, großzügig zu sein allen gegenüber im Wissen darum, dass auch Gott sein Wohlwollen uns gegenüber großzügig handhabt.

Barmherzig wie der Vater ist also das Leitwort des Heiligen Jahres. In der Barmherzigkeit haben wir den Nachweis, wie Gott liebt. Er gibt sich selbst ganz hin, für immer, als Geschenk, ohne etwas als Gegenleistung zu erbitten. Er kommt uns zu Hilfe, wenn wir ihn darum bitten. Es ist schön, dass das tägliche Gebet der Kirche mit den Worten beginnt: „O Gott, komm mir zu Hilfe. Herr, eile mir zu helfen" (*Ps* 70,2). Die Hilfe, die wir erbitten, ist bereits der erste Schritt der Barmherzigkeit Gottes mit uns.

Er kommt, um uns aus unserer Schwachheit zu retten. Und seine Hilfe besteht darin, dass er uns bewegt, seine Gegenwart und Nähe anzunehmen. Angerührt von seiner Barmherzigkeit können auch wir Tag für Tag barmherzig mit den anderen sein.

15. In diesem Heiligen Jahr können wir die Erfahrung machen, wie es ist, wenn wir unsere Herzen öffnen für alle, die an den unterschiedlichsten existenziellen Peripherien leben, die die moderne Welt in oft dramatischer Weise hervorbringt. Wie viele prekäre Situationen und wie viel Leid gibt es in unserer Welt! Wie viele Wunden sind in das Fleisch so vieler Menschen gerissen, die keine Stimme mehr haben, weil ihr Schrei, aufgrund der Teilnahmslosigkeit der reichen Völker, schwach geworden oder gar ganz verstummt ist. In diesem Jubiläum ist die Kirche noch mehr aufgerufen, diese Wunden zu behandeln, sie mit dem Öl des Trostes zu lindern, sie mit der Barmherzigkeit zu verbinden

und sie mit der geschuldeten Solidarität und Achtung zu heilen. Verfallen wir nicht in die Gleichgültigkeit, die erniedrigt, in die Gewohnheit, die das Gemüt betäubt und die verhindert etwas Neues zu entdecken, in den Zynismus, der zerstört. Öffnen wir unsere Augen, um das Elend dieser Welt zu sehen, die Wunden so vieler Brüder und Schwestern, die ihrer Würde beraubt sind. Fühlen wir uns herausgefordert, ihren Hilfeschrei zu hören. Unsere Hände mögen ihre Hände erfassen und sie an uns heranziehen, damit sie die Wärme unserer Gegenwart, unserer Freundschaft und unserer Brüderlichkeit verspüren. Möge ihr Schrei zu dem unsrigen werden und mögen wir gemeinsam die Barriere der Gleichgültigkeit abtragen, der wir gerne freie Hand geben, um unsere Heuchelei und unseren Egoismus zu verbergen.

Es ist mein aufrichtiger Wunsch, dass die Christen während des Jubiläums über die *leiblichen und geistigen Werke der Barmherzigkeit* nachdenken. Das wird eine Form sein, unser Gewissen, das gegenüber dem Drama der Armut oft eingeschlafen ist, wachzurütteln und immer mehr in die Herzmitte des Evangeliums vorzustoßen, in dem die Armen die Bevorzugten der göttlichen Barmherzigkeit sind. Die Verkündigung Jesu nennt uns diese Werke der Barmherzigkeit, damit wir prüfen können, ob wir als seine Jünger leben oder eben nicht. Entdecken wir erneut die *leiblichen Werke der Barmherzigkeit*: Hungrige speisen, Durstigen zu trinken geben, Nackte bekleiden, Fremde aufnehmen, Kranke pflegen, Gefangene besuchen und die Toten begraben. Und vergessen wir auch nicht die *geistigen Werke der Barmherzigkeit*: den Zweifelnden recht raten, die Unwissenden lehren, die Sünder zurechtweisen, die Betrübten trösten, Beleidigungen verzeihen, die Lästigen geduldig ertragen und für die Lebenden und Verstorbenen zu Gott beten.

Wir können uns nicht den Worten des Herrn entziehen, auf deren Grundlage wir einst gerichtet werden: Haben wir dem Hungrigen zu essen gegeben und dem Durstigen zu trinken? Haben wir Fremde aufgenommen und Nackte bekleidet? Hatten wir Zeit, um Kranke und Gefangene zu besuchen? (vgl *Mt* 25,31-45). Genauso werden wir gefragt werden, ob wir geholfen haben, den Zweifel zu überwinden, der Angst schüren und oft auch einsam machen kann. Waren wir fähig, die Unwissenheit zu besiegen, in der Millionen Menschen leben, besonders die Kinder, denen es an der notwendigen Hilfe fehlt, um der Armut entrissen zu werden? Waren wir denen nahe, die einsam und bekümmert sind? Haben wir denen vergeben, die uns beleidigt haben, und jede Art von

Groll und Hass abgewehrt, die zur Gewalt führen? Hatten wir Geduld nach dem Beispiel Gottes, der selbst so geduldig mit uns ist? Und schlussendlich, haben wir unsere Schwestern und Brüder im Gebet dem Herrn anvertraut? In einem jeden dieser „Geringsten" ist Christus gegenwärtig. Sein Fleisch wird erneut sichtbar in jedem gemarterten, verwundeten, gepeitschten, unterernährten, zur Flucht gezwungenen Leib …, damit wir Ihn erkennen, Ihn berühren, Ihm sorgsam beistehen. Vergessen wir nicht die Worte des heiligen Johannes vom Kreuz: „Am Abend unseres Lebens werden wir nach der Liebe gerichtet werden."[12]

16. Im Lukasevangelium finden wir einen weiteren wichtigen Aspekt, der hilft, das Jubiläum im Glauben zu leben. Der Evangelist berichtet, wie Jesus nach Nazareth zurückkehrt und, wie es Brauch war, am Sabbat in die Synagoge ging. Sie baten ihn aus der Schrift vorzulesen und diese auszulegen.

Es handelte sich um den Abschnitt aus dem Propheten Jesaja, wo es heißt: „Der Geist Gottes, des Herrn, ruht auf mir, denn der Herr hat mich gesalbt. Er hat mich gesandt, damit ich den Armen eine frohe Botschaft bringe und alle heile, deren Herz zerbrochen ist, damit ich den Gefangenen die Entlassung verkünde und den Gefesselten die Befreiung, damit ich ein Gnadenjahr des Herrn ausrufe" (*Jes* 61,1-2). Ein „Gnadenjahr des Herrn" ist es, das vom Herrn verkündet wird und das wir leben wollen. Dieses Heilige Jahr bringt den Reichtum der Sendung Jesu mit sich, so wie es in den Worten des Propheten anklingt: den Armen ein Wort und eine Geste des Trostes bringen, denen, die in den neuen Formen der Sklaverei der modernen Gesellschaft gefangen sind, die Freiheit verkünden, denen die Sicht wiedergeen, die nicht mehr sehen können, weil sie nur noch auf sich selbst schauen, denen die Würde zurückgeben, denen man sie geraubt hat.

Die Verkündigung Jesu wird in der Antwort aus dem Glauben erneut sichtbar werden, d.h. im Lebenszeugnis, das die Christen gerufen sind zu geben. Dabei begleitet uns das Apostelwort: „Wer Barmherzigkeit übt, der tue es freudig" (*Röm* 12,8).

17. Die österliche Bußzeit soll in diesem Jubiläumsjahr noch stärker gelebt werden als eine besondere Zeit, in der es gilt, die Barmherzigkeit Gottes zu feiern und zu erfahren. Wie viele Seiten der Heiligen Schrift bieten sich in den Wochen der Fastenzeit zur Meditation an, um das barmherzige Antlitz Gottes wiederzuentdecken! Mit dem Propheten Micha können auch wir sagen: Du, Herr, bist ein Gott, der die Schuld verzeiht und das Unrecht vergibt. Du hältst nicht für immer fest an deinem Zorn; denn du liebst es, gnädig zu sein. Du, Herr, wirst wieder Erbarmen haben mit deinem Volk und unsere Schuld zertreten.

Ja, du wirfst all unsere Sünden in die Tiefe des Meeres hinab (vgl. *Mi* 7,18-19).

Die Abschnitte des Propheten Jesaja können dann noch konkreter betrachtet werden in dieser Zeit des Gebetes, des Fastens und der Nächstenliebe: „Das ist ein Fasten, wie ich es liebe: die Fesseln des Unrechts zu lösen, die Stricke des Jochs zu entfernen, die Versklavten freizulassen, jedes Joch zu zerbrechen, an die Hungrigen dein Brot auszuteilen, die obdachlosen Armen ins Haus aufzunehmen, wenn du einen Nackten siehst, ihn zu bekleiden und dich deinen Verwandten nicht zu entziehen. Dann wird dein Licht hervorbrechen wie die Morgenröte und deine Wunden werden schnell vernarben. Deine Gerechtigkeit geht dir voran, die Herrlichkeit des Herrn folgt dir nach. Wenn du dann rufst, wird der Herr dir Antwort geben, und wenn du um Hilfe schreist, wird er sagen: Hier bin ich.

Wenn du der Unterdrückung bei dir ein Ende machst, auf keinen mit dem Finger zeigst und niemand verleumdest, dem Hungrigen dein Brot reichst und den Darbenden satt machst, dann geht im Dunkel dein Licht auf und deine Finsternis wird hell wie der Mittag. Der Herr wird dich immer führen, auch im dürren Land macht er dich satt und stärkt deine Glieder. Du gleichst einem bewässerten Garten, einer Quelle, deren Wasser niemals versiegt" (*Jes* 58,6-11).

Die Initiative *„24 Stunden für den Herrn"*, die am Freitag und Samstag vor dem 4. Fastensonntag gefeiert wird, soll in den Diözesen verstärkt werden. Viele Menschen suchen erneut das Sakrament der Versöhnung, darunter viele Jugendliche, und finden in dieser besonderen Erfahrung oft den Weg, um zum Herrn zurückzukehren, um einen Moment des intensiven Gebetes zu erleben und so den Sinn für das eigene Leben wiederzuentdecken.

Mit Überzeugung stellen wir das Sakrament der Versöhnung erneut ins Zentrum, denn darin können wir mit Händen die Größe der Barmherzigkeit greifen. Das Sakrament wird für jeden Bußfertigen eine Quelle wahren inneren Friedens sein.

Ich werde nicht müde zu wiederholen, dass die Beichtväter ein wahres Zeichen der göttlichen Barmherzigkeit sein sollen. Beichtvater ist man nicht einfach so. Man wird es, und zwar besonders dadurch, dass wir zunächst für uns selbst bußfertig Vergebung suchen. Vergessen wir nie, dass Beichtvater zu sein bedeutet, an der Sendung Jesu teilzuhaben und ein greifbares Zeichen der bleibenden göttlichen Liebe zu sein, die verzeiht und rettet. Wir haben die Gabe des Heiligen Geistes empfangen, um Sünden zu vergeben. Dafür sind wir verantwortlich. Wir sind nicht Herren dieses Sakramentes, sondern treue Verwalter der Vergebung Gottes.

Jeder Beichtvater soll die Gläubigen aufnehmen, wie der Vater im Gleichnis den verlorenen Sohn: Es ist ein Vater, der dem Sohn entgegen kommt, obwohl dieser ja seine Güter verschwendet hat. Die Beichtväter sollen den reumütigen Sohn, der nach Hause zurückkehrt, umarmen und ihre Freude darüber zum Ausdruck bringen, dass sie ihn wiedergefunden haben. Sie werden auch nicht müde zum anderen Sohn zu gehen, der draußen geblieben ist und dem es nicht gelingt, sich zu freuen. Ihm erklären sie, dass sein hartes Urteil ungerecht ist und dass es vor der grenzenlosen Barmherzigkeit des Vaters nicht bestehen kann. Sie stellen keine aufdringlichen Fragen, vielmehr unterbrechen sie – wie der Vater im Gleichnis – die vorbereitete Rede des verlorenen Sohnes, denn sie verstehen es, im Herzen eines jeden Beichtenden den Ruf um Hilfe und das Verlangen nach Vergebung zu lesen.

Die Beichtväter sind also berufen immer, überall, in jeder Situation und egal in welchen Umständen, Zeichen des Primates der Barmherzigkeit zu sein.

18. In der Fastenzeit dieses Heiligen Jahres habe ich die Absicht, *Missionare der Barmherzigkeit* auszusenden. Sie sollen ein Zeichen der mütterlichen Sorge der Kirche für das Volk Gottes sein, damit es tiefer eindringen kann in den Reichtum dieses für unseren Glauben so grundlegenden Geheimnisses. Es handelt sich dabei um Priester, denen ich die Vollmacht geben werde, auch von den Sünden loszusprechen, die normalerweise dem Apostolischen Stuhl vorbehalten sind. Damit soll der Umfang ihrer Sendung sichtbar werden. Sie sollen vor allem ein lebendiges Zeichen dafür sein, dass der Vater jeden aufnimmt, der seine Vergebung sucht. Sie werden Missionare der Barmherzigkeit sein, denn sie sollen allen eine Begegnung

voller Menschlichkeit anbieten, eine Quelle der Befreiung, einen Ort der Verantwortung, der es ermöglicht alle Hindernisse zu überwinden und das einst in der Taufe neu geschenkte Leben wieder aufzugreifen. Sie lassen sich in ihrer Mission leiten vom Wort des Apostels: „Gott hat alle in den Ungehorsam eingeschlossen, um sich aller zu erbarmen" (*Röm* 11,32). Denn alle, ohne Ausnahme, sollen den Aufruf zur Barmherzigkeit ergreifen. Die Missionare werden diesen Ruf erfüllen im Wissen darum, dass sie ihren Blick auf Jesus, den „barmherzigen und treuen Hohepriester" (*Hebr* 2,17) richten können.

Ich bitte die Mitbrüder im Bischofsamt, diese Missionare einzuladen und aufzunehmen, damit sie vor allem überzeugende Prediger der Barmherzigkeit sein können. In den Diözesen möge man „Volksmissionen" organisieren, damit diese Missionare Verkünder der Freude durch die Vergebung sein können.

Sie mögen für die Menschen das Sakrament der Versöhnung feiern, damit in dieser Zeit der Gnade, die das Heilige Jahr uns schenkt, möglichst viele, die sich entfernt haben, den Weg zum Hause des Vaters wiederfinden. Die Hirten sollen besonders in der vierzigtägigen österlichen Bußzeit die Gläubigen einladen, heranzutreten „zum Thron der Gnade, damit wir Erbarmen und Gnade finden" (*Hebr* 4,16).

19. Das Wort der Vergebung möge alle erreichen und die Einladung, die Barmherzigkeit an sich wirken zu lassen, lasse niemanden unberührt. Mein Ruf zur Umkehr richtet sich mit noch größerem Nachdruck an alle Menschen, die aufgrund ihrer Lebensführung fern sind von Gott. Ich denke hier besonders an die Männer und Frauen, die einer kriminellen Vereinigung angehören, welche auch immer diese sei. Zu eurem eigenen Wohl bitte ich euch: Ändert euer Leben!

Ich bitte euch im Namen des Sohnes Gottes, der – obwohl er gegen die Sünde gekämpft hat – nie einen Sünder zurückgewiesen hat. Fallt nicht in die schreckliche Falle, zu glauben, dass alles im Leben vom Geld abhänge und dass darum alles andere keinen Wert und keine Würde habe. Das ist bloß eine Illusion! Keiner kann sein Geld mitnehmen ins Jenseits. Und Geld macht nicht wirklich glücklich. Die Gewalt, die angewendet wird, um blutiges Geld anzusammeln, macht auch nicht wirklich mächtig und schon gar nicht unsterblich. Früher oder später kommt für alle das Gericht Gottes, dem keiner entfliehen kann.

Dieselbe Einladung richte ich an die Förderer und Komplizen der Korruption. Diese schwärende Wunde der Gesellschaft ist eine schwere himmelschreiende Sünde, denn sie untergräbt das Fundament des Lebens des Einzelnen und der Gesellschaft.

Die Korruption nimmt Menschen die Hoffnung auf die Zukunft, denn in ihrer Rücksichtslosigkeit und Gier zerstört sie die Zukunftspläne der Schwachen und erdrückt die Armen. Es ist ein Übel, das damit beginnt, sich in alltäglichen, kleinen Dingen einzunisten, um sich dann soweit auszubreiten, wie es dann manchmal in den großen Skandalen sichtbar wird. Die Korruption ist ein Verharren in der Sünde, die es darauf anlegt, Gott mit der Illusion der Macht des Geldes zu ersetzten. Sie ist ein Werk der Finsternis, gestützt von Argwohn und Intrige. *Corruptio optimi pessima*, sagte mit gutem Grund Gregor der Große, um darauf hinzuweisen, dass keiner immun ist angesichts dieser Versuchung. Um sie aus dem privaten und öffentlichen Leben auszurotten, bedarf es Klugheit, Wachsamkeit, Gesetzestreue, Transparenz und den Mut, den Finger in die Wunde zu legen. Wer die Korruption nicht offen bekämpft, wird früher oder später zum Komplizen und zerstört die Existenz.

Dies ist die günstige Gelegenheit, um sein Leben zu ändern! Das ist der Augenblick, um sich im Herzen anrühren zu lassen. Angesichts des begangenen Übels, auch angesichts schwerer Verbrechen, ist der Zeitpunkt gekommen, das Weinen der unschuldigen Menschen zu hören, die man ihrer Güter, ihrer Würde, der Zuneigung oder gar des Lebens selbst beraubt hat. Weiterhin den Weg des Bösen zu gehen, ist einzig eine Quelle falscher Illusion und Traurigkeit. Das wirkliche Leben ist etwas ganz anderes. Gott wird nicht müde, die Hand auszustrecken. Er ist immer bereit zuzuhören, und auch ich sowie meine Mitbrüder im Bischofs- und Priesteramt sind es. Es genügt nur, die Einladung zur Umkehr anzunehmen und sich der Gerechtigkeit zu unterwerfen, während die Kirche die Barmherzigkeit anbietet.

20. Es ist nicht sinnlos, in diesem Zusammenhang auf die Beziehung zwischen *Gerechtigkeit* und *Barmherzigkeit* hinzuweisen.

Es handelt sich dabei nicht um zwei gegensätzliche Aspekte, sondern um zwei Dimensionen einer einzigen Wirklichkeit, die sich fortschreitend entwickelt, bis sie ihren Höhepunkt in der Fülle der Liebe erreicht hat. Die Gerechtigkeit ist ein grundlegendes Konzept der Zivilgesellschaft, in der man sich normalerweise auf eine Rechtsordnung bezieht, in deren Rahmen das Gesetz angewendet wird. Unter Gerechtigkeit versteht man auch, dass einem jeden das gegeben werden muss, was ihm zusteht. In der Bibel spricht man vielfach von der Gerechtigkeit Gottes und von Gott als Richter. Dabei wird sie gemeinhin verstanden als die Beachtung des gesamten Gesetzes und das Verhalten eines jeden guten Israeliten gemäß dem göttlichen Gebot. Diese Sichtweise hat aber nicht selten zu einem Legalismus geführt, indem man den ursprünglichen Sinn verfälscht und den tiefen Sinn der Gerechtigkeit verdunkelt hat.

Um eine legalistische Sichtweise zu überwinden, ist es notwendig sich daran zu erinnern, dass in der Heiligen Schrift die Gerechtigkeit hauptsächlich als ein sich völliges und vertrauensvolles Überlassen in den Willen Gottes verstanden wird.

Jesus selbst spricht viel häufiger von der Bedeutung des Glaubens als von der Beachtung des Gesetzes. Und in diesem Sinn müssen wir seine Worte verstehen, als Er – während Er mit Matthäus und anderen Zöllnern und Sündern zu Tisch sitzt – den Pharisäern, die ihn kritisierten, antwortete: „Darum lernt, was es heißt: *Barmherzigkeit will ich, nicht Opfer*. Denn ich bin gekommen, um die Sünder zu rufen, nicht die Gerechten" (*Mt* 9,13). Angesichts einer Sicht der Gerechtigkeit als der bloßen Einhaltung von Gesetzen, die in der Folge Menschen einteilt in Gerechte und Sünder, versucht Jesus die große Gabe der Barmherzigkeit aufzuzeigen, die Barmherzigkeit, die den Sünder sucht und ihm Vergebung und Heil anbietet. Man versteht, warum Er aufgrund einer solchen befreienden Vision, die Quelle der Erneuerung ist, von den Pharisäern und Schriftgelehrten abgelehnt wird. Diese legten in ihrer Gesetzestreue den Menschen lediglich Lasten auf die Schultern, blendeten aber die Barmherzigkeit des Vaters aus. Der Ruf nach der Einhaltung des Gesetzes darf nicht die Aufmerksamkeit für die Bedürfnisse behindern, die die Würde der Menschen ausmachen.

Der Hinweis Jesu auf den Text des Propheten Hosea – „Liebe will ich, nicht Schlachtopfer" (*Hos* 6,6) – ist in diesem Zusammenhang sehr bedeutsam. Jesus betont, dass von nun an der Primat der Barmherzigkeit die Lebensregel seiner Jünger ist, so wie er es selbst bezeugt hat, als er mit den Sündern zu Tisch saß. Die Barmherzigkeit wird noch einmal als die grundlegende Dimension der Sendung Jesu aufgezeigt.

Das ist eine wirkliche Herausforderung für seine Gegenüber, die bei einer formalen Beachtung des Gesetzes stehenblieben. Jesus geht dagegen über das Gesetz hinaus. Dass er Gemeinschaft hat mit denen, die nach dem Gesetz Sünder waren, lässt verstehen, wie weit die Barmherzigkeit geht.

Auch der Apostel Paulus hat einen ähnlichen Weg durchschritten. Bevor er Jesus auf der Straße nach Damaskus begegnete, suchte er in seinem Leben auf tadellose Weise die Gesetzesgerechtigkeit (vgl. *Phil* 3,6). Seine Bekehrung zu Christus verwandelte seine Sichtweise völlig, so dass er im Galaterbrief feststellt: „Auch wir sind dazu gekommen, an Christus Jesus zu glauben, damit wir gerecht werden durch den Glauben an Christus, und nicht durch Werke des Gesetzes“ (*Gal* 2,16). Sein Verständnis der Gerechtigkeit änderte sich radikal. Paulus stellt nun an die erste Stelle den Glauben und nicht mehr länger das Gesetz.

Nicht die Beachtung des Gesetzes rettet, sondern der Glaube an Jesus Christus, der durch seinen Tod und seine Auferstehung in seiner gerecht machenden Barmherzigkeit das Heil bringt. Die Gerechtigkeit Gottes bedeutet jetzt die Befreiung derer, die Sklaven der Sünde und all ihrer Folgen sind. Die Gerechtigkeit Gottes ist seine Vergebung (vgl. *Ps* 51,11-16).

21. Die Barmherzigkeit steht also nicht im Gegensatz zur Gerechtigkeit. Sie drückt vielmehr die Haltung Gottes gegenüber dem Sünder aus, dem Er eine weitere Möglichkeit zur Reue, zur Umkehr und zum Glauben anbietet. Die Erfahrung des Propheten Hosea kommt uns zu Hilfe, um zu zeigen, wie die Gerechtigkeit in Richtung der Barmherzigkeit überboten wird. Dieser Prophet gehört in eine der dramatischsten Abschnitte der Geschichte des Volkes Israels. Das Reich steht kurz vor der Zerstörung.

Das Volk hat den Bund gebrochen, hat sich von Gott entfernt und den Glauben der Väter verloren. Nach menschlicher Logik wäre es nur gerecht, dächte Gott daran, dieses untreue Volk zurückzuweisen. Man hat den geschlossenen Bund nicht eingehalten und folgerichtig verdient es die gerechte Strafe, das Exil. Die Worte des Propheten bezeugen das: „Doch er muss wieder zurück nach Ägypten, Assur wird sein König sein; denn sie haben sich geweigert umzukehren" (*Hos* 11,5). Und doch, nach dieser ersten Reaktion, die nach Gerechtigkeit verlangt, verändert der Prophet seine Wortwahl radikal und offenbart das wahre Antlitz Gottes: „Mein Herz wendet sich gegen mich, mein Mitleid lodert auf. Ich will meinen glühenden Zorn nicht vollstrecken und Efraim nicht noch einmal vernichten. Denn ich bin Gott, nicht ein Mensch, der Heilige in deiner Mitte. Darum komme ich nicht in der Hitze des Zorns" (*Hos* 11,8-9).

Der heilige Augustinus sagt gleichsam als Kommentar zu diesem Wort des Propheten: „Es ist leichter, dass Gott seinen Zorn zurückhält als seine Barmherzigkeit."[13] Das stimmt. Gottes Zorn dauert einen Augenblick, seine Barmher-zigkeit dagegen währt ewig.

Wenn Gott bei der Gerechtigkeit stehen bliebe, dann wäre er nicht mehr Gott, sondern vielmehr wie die Menschen, die die Beachtung des Gesetzes einfordern. Die Gerechtigkeit alleine genügt nicht und die Erfahrung lehrt uns, dass wer nur an sie appelliert, Gefahr läuft, sie sogar zu zerstören. Darum überbietet Gott die Gerechtigkeit mit der Barmherzigkeit und der Vergebung. Das bedeutet keinesfalls, die Gerechtigkeit unterzubewerten oder sie über-flüssig zu machen. Ganz im Gegenteil. Wer einen Fehler begeht, muss die Strafe verbüßen. Aber dies ist nicht der Endpunkt, sondern der Anfang der Bekehrung, in der man dann die Zärtlichkeit der Vergebung erfährt.

Gott lehnt die Gerechtigkeit nicht ab. Er stellt sie aber in einen größeren Zusammenhang und geht über sie hinaus, so dass man die Liebe erfährt, die die Grundlage der wahren Gerechtigkeit ist. Wir müssen sehr genau hinschauen auf das, was Paulus schreibt, damit wir nicht genau in den Fehler verfallen, den der Apostel bei seinen jüdischen Zeitgenossen kritisiert: „Da sie die Gerechtigkeit Gottes verkannten und ihre eigene aufrichten wollten, haben sie sich der Gerechtigkeit Gottes nicht unterworfen. Denn Christus ist das Ende des Gesetzes, und jeder, der an ihn glaubt, wird gerecht" (*Röm* 10,3-4). Diese Gerechtigkeit Gottes ist die Barmherzigkeit, die allen als Gnade geschenkt wird kraft des Todes und der Auferstehung Jesu Christi. Das Kreuz ist also das Urteil Gottes über uns alle und die Welt, denn es schenkt uns die Gewissheit der Liebe und des neuen Lebens.

22. Ein Jubiläum bringt es mit sich, dass wir auch auf den *Ablass* Bezug nehmen. Dieser gewinnt besondere Bedeutung im Heiligen Jahr der Barmherzigkeit. Die Vergebung unserer Sünden durch Gott ist grenzenlos. Im Tod und in der Auferstehung Jesu Christi lässt Gott seine Liebe sichtbar werden, die selbst die Sünden der Menschen zerstört. Sich mit Gott zu versöhnen wird möglich aufgrund des Paschamysteriums und durch die Vermittlung der Kirche. Gott zeigt sich immer bereit zur Vergebung und er wird nicht müde, sie immer wieder neu und in unerwarteter Weise anzubieten. Dennoch machen wir die Erfahrung der Sünde. Wir wissen, dass wir zur Vollkommenheit berufen sind (vgl. *Mt* 5,48), aber wir spüren die schwere Last der Sünde. Während wir die Macht der Gnade wahrnehmen, die uns verwandelt, merken wir auch, wie sehr uns die Kraft der Sünde bestimmt.

Trotz der Vergebung ist unser Leben geprägt von Widersprüchen, die die Folgen unserer Sünden sind. Im Sakrament der Versöhnung vergibt Gott die Sünden, die damit wirklich ausgelöscht sind. Und trotzdem bleiben die negativen Spuren, die diese in unserem Verhalten und in unserem Denken hinterlassen haben. Die Barmherzigkeit Gottes ist aber auch stärker als diese. Sie wird zum *Ablass*, den der Vater durch die Kirche, die Braut Christi, dem Sünder, dem vergeben wurde, schenkt und der ihn von allen Konsequenzen der Sünde befreit, so dass er wieder neu aus Liebe handeln kann und vielmehr in der Liebe wächst, als erneut in die Sünde zu fallen.

Die Kirche lebt die Gemeinschaft der Heiligen. In der Eucharistiefeier vollzieht sich diese Gemeinschaft, die ein Geschenk Gottes ist, als geistliches Band, das uns Glaubende mit der unzählbaren Schar der Heiligen und Seligen verbindet (vgl. *Offb* 7,4).

Ihre Heiligkeit kommt unserer Gebrechlichkeit zu Hilfe, und so kann die Mutter Kirche mit ihren Gebeten und ihrem Leben der Schwachheit der einen mit der Heiligkeit der anderen entgegen kommen. Den Ablass des Heiligen Jahres zu leben heißt also, sich der Barmherzigkeit des Vaters anzuvertrauen in der Gewissheit, dass seine Vergebung sich auf das gesamte Leben der Gläubigen auswirkt. Der Ablass bedeutet, die Heiligkeit der Kirche zu erfahren, die teilhat an allen heilbringenden Früchten der Erlösung durch Christus, und die diese in der Vergebung weitergibt bis in die letzte Konsequenz hinein, denn die Liebe Gottes reicht auch dorthin. Leben wir intensiv dieses Jubiläum, indem wir den Vater um die Vergebung der Sünden bitten und um die Ausbreitung seiner barmherzigen Nachsicht.

23. Die Barmherzigkeit ist auch über die Grenzen der Kirche hinaus bedeutsam.

Sie verbindet uns mit dem Judentum und dem Islam, für die sie eine der wichtigsten Eigenschaften Gottes darstellt. Das Volk Israel hat als erstes diese Offenbarung erhalten, die in der Geschichte als der Beginn eines unermesslichen Reichtums bleibt, den es der ganzen Menschheit anzubieten gilt. Wie wir gesehen haben, sind die Seiten des Alten Testamentes voll von Barmherzigkeit, denn sie erzählen von den Werken des Herrn, die dieser für sein Volk in den schwierigsten Momenten seiner Geschichte vollbracht hat. Der Islam seinerseits zählt zu den Namen für den Schöpfer auch den Namen Allerbarmer und Allbarmherziger. Diese Anrufung ist oft auf den Lippen der gläubigen Muslime, die sich in der täglichen Schwachheit von der Barmherzigkeit begleitet und getragen wissen. Auch sie glauben, dass niemand der göttlichen Barmherzigkeit Grenzen setzen kann, denn ihre Tore stehen immer offen.

Dieses Jubiläumsjahr, das wir im Geist der Barmherzigkeit leben, mag die Begegnung mit diesen Religionen und mit anderen ehrwürdigen religiösen Traditionen fördern. Es mache uns offener für den Dialog, damit wir uns besser kennen und verstehen lernen. Es überwinde jede Form der Verschlossenheit und Verachtung und vertreibe alle Form von Gewalt und Diskriminierung.

24. Unser Gedanke richtet sich nun auf die Mutter der Barmherzigkeit. Ihr liebevoller Blick begleite uns durch dieses Heilige Jahr, damit wir alle die Freude der Zärtlichkeit Gottes wiederentdecken können. Kein anderer hat so wie Maria die Tiefe des Geheimnisses der Menschwerdung Gottes kennen gelernt. Ihr ganzes Leben war geprägt von der Gegenwart der fleischgewordenen Barmherzigkeit.

Die Mutter des Gekreuzigten und Auferstandenen ist eingetreten in das Heiligtum der göttlichen Barmherzigkeit, denn sie hatte zutiefst Anteil am Geheimnis seiner Liebe.

Dazu erwählt, die Mutter des Sohnes Gottes zu sein, war Maria von Anbeginn an von der Liebe des Vaters vorbereitet worden, um die *Lade des Bundes* zu sein, des Bundes zwischen Gott und den Menschen. In ihrem Herzen hat sie die Barmherzigkeit Gottes bewahrt, in völligem Einklang mit ihrem Sohn Jesus. Ihr Lobgesang auf der Schwelle des Hauses der Elisabeth war der Barmherzigkeit gewidmet, die sich erstreckt „von Geschlecht zu Geschlecht" (*Lk* 1,50). Auch wir waren schon in diesen prophetischen Worten der Jungfrau Maria anwesend. Das wird uns Trost und Stärke sein, wenn wir die Heilige Pforte durchschreiten, um die Frucht der göttlichen Barmherzigkeit zu erfahren.

Unter dem Kreuz ist Maria, gemeinsam mit Johannes, dem Jünger, den Er liebte, Zeugin der Worte der Vergebung, die über die Lippen Jesu kamen. Diese höchste Form der Vergebung für die, die ihn gekreuzigt haben, zeigt uns, wie weit die Barmherzigkeit Gottes geht. Maria bezeugt, dass die Barmherzigkeit des Sohnes Gottes grenzenlos ist und alle erreicht, ohne jemanden auszuschließen. Richten wir an sie das uralte und doch stets neue Gebet des *Salve Regina*, dass sie nie müde werde, uns ihre barmherzigen Augen zuzuwenden, und uns würdig mache, das Antlitz der Barmherzigkeit zu betrachten, ihren Sohn Jesus Christus.

Unser Gebet richtet sich auch an die Heiligen und Seligen, die die Barmherzigkeit zur Mission ihres Lebens gemacht haben. In besonderer Weise denken wir an die große Apostelin der Barmherzigkeit, die heilige Faustyna Kowalska.

Sie, die berufen war, in die Tiefe der göttlichen Barmherzigkeit einzutreten, sei uns Fürsprecherin und erwirke uns die Gnade, stets in der Vergebung Gottes und in dem unverbrüchlichen Vertrauen auf seine Liebe zu leben und zu wandeln.

25. Ein außerordentliches Heiliges Jahr also, um im Alltag die Barmherzigkeit zu leben, die der Vater uns von Anbeginn entgegenbringt. Lassen wir uns in diesem Jubiläum von Gott überraschen. Er wird nicht müde, die Tür seines Herzens offen zu halten und zu wiederholen, dass er uns liebt und sein Leben mit uns teilen will. Die Kirche spürt die dringende Notwendigkeit, Gottes Barmherzigkeit zu verkünden. Ihr Leben ist authentisch und glaubwürdig, wenn sie die Barmherzigkeit überzeugend verkündet. Sie weiß, dass besonders in einer Zeit wie der unsrigen, die voller großer Hoffnungen ist, aber auch voller starker Widersprüche, ihr vorrangiger Auftrag darin besteht, alle durch die

Betrachtung des Antlitzes Christi in das große Geheimnis der Barmherzigkeit Gottes einzuführen. Die Kirche ist berufen, als Erste glaubhafte Zeugin der Barmherzigkeit zu sein, indem sie diese als die Mitte der Offenbarung Jesu Christi bekennt und lebt. Aus dem Herzen der Dreifaltigkeit, aus dem tiefsten Inneren des göttlichen Geheimnisses entspringt und quillt ununterbrochen der große Strom der Barmherzigkeit. Diese Quelle kann niemals versiegen, seien es auch noch so viele, die zu ihr kommen. Wann immer jemand das Bedürfnis verspürt, kann er sich ihr nähern, denn die Barmherzigkeit Gottes ist ohne Ende. So groß und so unergründlich ist die Tiefe des Geheimnisses, das sie umfängt, so groß und so unergründlich der Reichtum, der aus ihr hervorquillt. In diesem Jubiläumsjahr finde in der Kirche das Wort Gottes Echo, das stark und überzeugend erklingt als ein Wort und eine Geste der Vergebung, der Unterstützung, der Hilfe und der Liebe.

Die Kirche werde nie müde, Barmherzigkeit anzubieten, und sie sei stets geduldig im Trösten und Vergeben. Sie mache sich zur Stimme eines jeden Mannes und einer jeden Frau und wiederhole voll Vertrauen und ohne Unterlass: „Denk an dein Erbarmen, Herr, und an die Taten deiner Huld; denn sie bestehen seit Ewigkeit" (*Ps* 25,6).

Gegeben zu Rom, bei Sankt Peter, am 11. April, Vigil des zweiten Sonntags der Osterzeit oder Sonntags der Göttlichen Barmherzigkeit, im Jahr des Herrn 2015, im dritten Jahr meines Pontifikats.

Franciscus

[1] Vgl. II. Vatikanisches Ökumenisches Konzil, Dogmatische Konstitution *Dei Verbum*, 4.

[2] Ansprache zur Eröffnung des II. Vatikanischen Ökumenischen Konzils *Gaudet Mater Ecclesia,* 11. Oktober 1962, 2-3.

[3] Ansprache bei der letzten öffentlichen Sitzung des II. Vatikanischen Ökumenischen Konzils, 7. Dezember 1965.

[4] Vgl. II. Vatikanisches Ökumenisches Konzil, Dogmatische Konstitution *Lumen gentium*, 16; Pastoralkonstitution *Gaudium et spes*, 15.

[5] Thomas von Aquin, *Summa Theologiae*, II-II, q. 30, a. 4.

[6] Tagesgebet vom 26. Sonntag im Jahreskreis. Dieses Gebet ist bereits im 8. Jahrhundert in den euchologischen Texten des *Sacramentarium Gelasianum* belegt.

[7]Vgl. *Hom.* 21: *CCL* 122, 149-151.

[8] Apostolisches Schreiben *Evangelii gaudium*, 24.

[9] Nr. 2.

[10] *Ebd.*, 15.

[11] *Ebd.*, 13.

[12] *Merksätze von Licht und Liebe*, 57.

[13] *Enarr. in Ps.* 76, 11.